PROCLAMATION SOLENNELLE DU DOGME

DE

L'IMMACULÉE CONCEPTION

DE LA TRÈS-SAINTE VIERGE

NOTICE SUR LE TABLEAU CHROMOLITHOGRAPHIQUE

PAR F. KELLERHOVEN

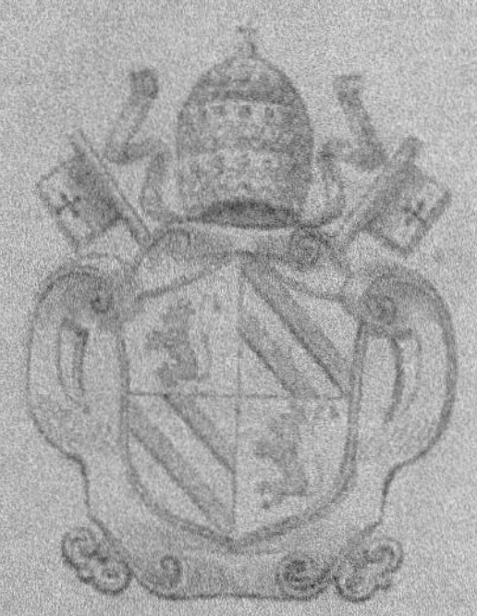

PARIS

CHEZ L'AUTEUR, 22, RUE DES ACACIAS

(AUX TERNES)

PROCLAMATION SOLENNELLE

DU DOGME

DE L'IMMACULÉE CONCEPTION

DE LA TRÈS-SAINTE VIERGE

1864

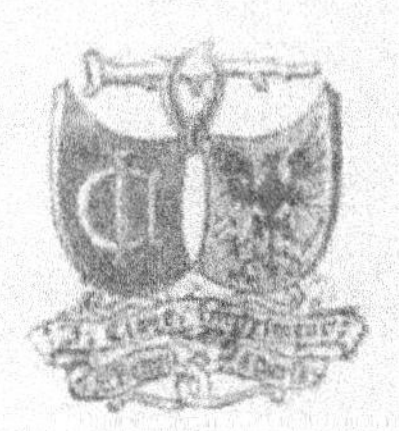

PROCLAMATION SOLENNELLE DU DOGME

DE

L'IMMACULÉE CONCEPTION

DE LA TRÈS-SAINTE VIERGE

NOTICE SUR LE TABLEAU CHROMOLITHOGRAPHIQUE

PUBLIÉ

PAR F. KELLERHOVEN

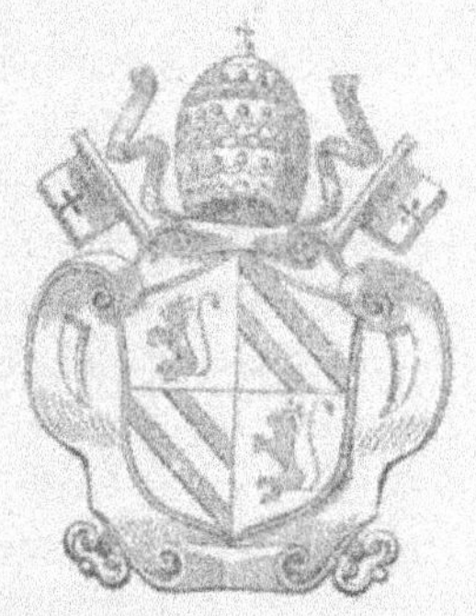

PARIS

CHEZ L'AUTEUR, 22, RUE DES ACACIAS

(AUX TERNES)

1864

AVANT-PROPOS DE L'ÉDITEUR

On a beaucoup écrit sur la proclamation du dogme de l'Immaculée Conception de la Très-Sainte Vierge, sans contredit l'événement le plus considérable de notre siècle dans les destinées toujours mystérieuses de la sainte Église romaine. De saints évêques, de savants théologiens, d'éloquents écrivains sont venus tour à tour offrir, dans d'admirables pages, leur tribut d'hommages à Marie, la saluant avec amour, après la définition dogmatique prononcée par le bien-aimé Pie IX le 8 décembre 1854, du titre de *Reine immaculée*, de *Vierge conçue sans tache*.

Mais si le souvenir de la proclamation de ce glorieux et nouveau privilége de Marie est fixé d'une manière durable dans de nombreux écrits et pour toujours gravé en caractères ineffaçables dans le cœur des catholiques, il restait encore à le populariser par un de ces tableaux qui parlent éloquemment aux yeux; à le concentrer pour ainsi dire dans une œuvre sérieuse de chromolithographie, cet art admirable qui se montre de plus en plus le digne émule de la peinture. Tel est le but que nous nous sommes proposé d'atteindre. Mais, pour commencer et mener à bonne fin une si noble entreprise, nous avions besoin du concours de plusieurs. Nous nous sommes donc adressé tout d'abord et de préférence à M. l'abbé Sire, directeur au séminaire de Saint-Sulpice, qui, par ses études spéciales sur ce sujet, bien connues du public chrétien, était l'homme le plus capable de nous aider de ses conseils. M. l'abbé Sire a bien voulu nous tracer en effet un magnifique programme, d'après lequel nous avons chargé M. Savinien Petit de composer le tableau ; c'est ce qu'il a fait avec un rare bonheur et un mérite des plus grands. Ce beau travail lui aurait valu, sans aucun doute, les éloges et l'approbation d'un homme, que son grand talent mettait au premier rang des meilleurs juges : de l'illustre Flandrin, si prématurément enlevé au culte des Beaux-Arts ; il aurait adouci les regrets de cet éminent artiste, qui nous avouait son bonheur d'avoir un pareil sujet à traiter, si sa santé, déjà bien altérée, lui en avait laissé le loisir ; il l'aurait confirmé dans la convenance du choix de M. Savinien Petit, qu'il nous avait désigné comme un des artistes les plus capables d'exécuter cette belle composition religieuse. La reproduction de ce tableau par la chromolithographie est restée notre tâche, à nous. Le bienveillant accueil qu'ont reçu nos précédentes publications nous fait espérer que celle que nous offrons aujourd'hui, et qui a été notre travail de prédilection, ne sera pas trouvée trop indigne du sujet si élevé que nous avons traité.

H. KELLERHOVEN.

Paris, le 8 décembre 1864,

Dixième anniversaire de la proclamation solennelle de l'Immaculée Conception de la Très-Sainte Vierge.

PROCLAMATION SOLENNELLE

DU DOGME

DE L'IMMACULÉE CONCEPTION

DE LA TRÈS-SAINTE VIERGE

OPPORTUNITÉ DU TABLEAU

Le 8 décembre 1854, s'est accompli à Rome un événement que certains esprits incrédules et superficiels ont à peine remarqué, que d'autres ont salué par un sourire comme un anachronisme, et qui n'en est pas moins aux yeux de la foi le plus important, sans contredit, des événements de notre siècle. Par la bouche de N. T.-S. P. le pape Pie IX, chef visible de l'Église, et devant cette Église tout entière, représentée par plus de deux cents Évêques, aussi bien que par des fidèles sans nombre accourus de tous les pays habités, l'Esprit-Saint a proclamé *dogme de foi* l'IMMACULÉE CONCEPTION DE LA TRÈS-SAINTE VIERGE MARIE, MÈRE DE DIEU.

La parole qui a retenti, en ce jour mémorable, dans la basilique de Saint-Pierre, a ébranlé, pour ainsi dire, et la terre et le Ciel : tant d'âmes pieuses, les unes encore exilées ici-bas, les autres admises déjà dans la patrie céleste, avaient désiré l'entendre ! Tant de savants, de docteurs l'avaient préparée par leurs écrits! Tant de Saints l'avaient appelée de leurs vœux! L'Église militante y a vu tout à la fois l'espoir et le gage de nouvelles et prochaines victoires; ses joyeuses acclamations ont été comme un écho des divins concerts que l'Église triomphante a dû redoubler autour du trône de la Reine immaculée.

Ne l'oublions pas, les faits religieux ont plus que tous les autres le privilége de remuer l'humanité jusque dans ses entrailles; et parmi ces faits, ceux qui touchent à la foi catholique sont les seuls auxquels il soit donné de produire des impressions ineffaçables. Les querelles des rois, les révolutions et les catastrophes humaines n'intéressent que le coin du monde où elles ont lieu; les générations qui en sont témoins passent, et les gloires les plus populaires tombent d'abord de la mémoire de la foule dans celle des érudits, puis enfin dans l'oubli. Mais les gloires du christianisme, au contraire, participent à son universalité, et comme lui elles sont immortelles.

Nous n'avons donc pas à craindre que le grand acte du 8 décembre 1854 soit un jour oublié; outre qu'il est inscrit dans les fastes d'une religion sûre de l'avenir, la joie et la reconnaissance des fidèles ont déjà fait assez pour la perpétuer. La théologie, l'histoire, les beaux-arts se sont unis pour cela même dans un concert harmonieux.

On a rempli non pas seulement des volumes, mais presque des bibliothèques, avec les écrits de tout genre auxquels cet événement a donné naissance[1]. Son souvenir est fixé à jamais par des monuments qui s'élèvent sur les places

1. Voyez la *Notice* de M. l'abbé Sire sur la *Collection des documents relatifs à la définition du dogme de l'Immaculée Conception.* Le Puy, 1860, in-8°. Cette grande collection, formée par ses soins, qui se conserve dans la basilique de Notre-Dame du Puy, renferme à elle seule la matière de *quatre cents volumes.*

de nos cités, sur les tours de nos églises, sur les collines et les rochers de nos montagnes. Qu'il suffise de nommer ici, entre autres monuments commémoratifs, la colonne érigée dans la capitale du monde chrétien, sur la place d'Espagne, par les soins de Pie IX, avec les offrandes de tous les fidèles; et la statue colossale de NOTRE-DAME DE FRANCE, faite avec les canons russes pris à Sébastopol, érigée à l'aide d'une souscription nationale, dont la première idée appartient à l'empereur Napoléon III : statue admirable, vrai chef-d'œuvre, qui domine majestueusement le rocher Corneille, au sommet de la ville du Puy. Et qui pourrait voir sans émotion, à Paris même, dans l'église de Notre-Dame des Victoires, l'humble plaque de marbre blanc où, en souvenir du 8 décembre 1854, les Polonais exilés ont inscrit en grandes lettres, rouges comme le sang qu'ils ont abondamment versé pour la foi, le témoignage de leur dévouement à MARIE IMMACULÉE, REINE DE POLOGNE !

Mais ces monuments de bronze, de marbre et de pierre sont immobiles, et chaque catholique ne peut aller à Rome, au Puy, à Paris, pour les contempler ; voilà pourquoi d'humbles artistes, serviteurs eux aussi de la VIERGE MARIE, ont cru devoir en préparer un nouveau d'un autre genre. Ils ont voulu mettre sous le regard des divers enfants de l'Église, dans une seule page mobile, l'histoire complète du dogme défini et de sa proclamation. Leur travail est un résumé synoptique des gloires de l'IMMACULÉE CONCEPTION.

Ils l'offrent d'abord à CELLE qui le leur a inspiré, en la suppliant de daigner l'utiliser pour la sanctification des âmes; ils l'offrent ensuite au *Souverain-Pontife*, qui en a déjà béni le projet ; ils l'offrent enfin à tous les *catholiques*, leurs frères, à l'occasion du dixième anniversaire du 8 décembre 1854.

DESCRIPTION DU TABLEAU.

ARTICLE PREMIER.

LA SAINTE VIERGE OU LE CENTRE DU TABLEAU.

La Vierge Immaculée, objet principal du tableau, devait naturellement en occuper le centre.

Son attitude était déterminée d'avance par le mystère qu'on désirait représenter. Marie est debout, semblable, selon la belle comparaison des saintes Écritures, à l'aurore qui s'élève et annonce le soleil : « *Quæ est ista quæ progreditur, quasi aurora consurgens*[1] ? »

Ses pieds posent sur un nuage, symbole de la grâce divine qui l'a élevée si haut au-dessus de la terre. Sa tête est légèrement inclinée ; ses yeux sont à demi baissés, comme dans l'image que Pie IX a offerte aux évêques après le consistoire du 9 décembre 1854 ; ses deux mains sont croisées sur sa poitrine : autant de signes de douceur et de recueillement.

Le nombre et la forme de ses vêtements n'étaient pas non plus laissés à l'arbitraire ; ils étaient fixés par la tradition et par les exigences de la modestie chrétienne. Une simple

1. Voy. Cantic., ch. VI, v. 9.

robe couvre tout le corps, un manteau retombe des épaules, tous les deux drapés de telle sorte qu'ils attirent à peine les regards, car c'est la tête qui doit appeler toute l'attention. La couleur de la robe et du manteau est la couleur blanche; de tout temps la blancheur a été considérée comme le symbole de l'innocence : *candeur* signifie à la fois blancheur et pureté. On aurait pu, si on l'avait voulu, donner au manteau la couleur bleue, qui est la couleur du ciel, symbole de la limpidité du cœur; mais on ne l'a pas fait à cause du fond sur lequel il doit se détacher. Dans un beau livre sur l'*iconographie de l'*Immaculée Conception, Mgr Malou, évêque de Bruges, de si regrettable mémoire, cite une bulle du pape Jules II qui, en prescrivant un costume aux religieuses conceptionnistes d'Espagne, a fixé sur ce point il y a plus de trois siècles l'usage, d'ailleurs si bien fondé sur la nature des choses : « Que les « habits et le scapulaire des religieuses de l'Immaculée « Conception soient de couleur blanche, pour attester la « pureté virginale de l'âme et du corps de la Vierge Marie ; « que leurs manteaux soient de couleur hyacinthe et bleu « de ciel, à cause de sa signification mystique, c'est-à-dire « pour attester que l'âme de la glorieuse Vierge a été toute « céleste dès les premiers instants de sa création, et comme « le lit de repos du Roi des siècles [1]... »

Douze étoiles forment autour de la tête de Marie un diadème d'un doux éclat, magnifique témoignage de la munificence du Créateur qui lui prodigua, pour l'embellir, ses créations les plus riches.

1. Iconographie de l'*Immaculée Conception*, page 41. — Le blanc et le bleu sont si bien les couleurs propres de la plus pure des Vierges que les mères, dans leur piété naïve, ont l'usage de vouer, en son honneur, leurs petits enfants *au blanc et au bleu*.

La lune, symbole de la clarté tempérée par la douceur, ouvre son croissant sous ses pieds [1].

Enfin une vaste auréole lumineuse l'entoure et rayonne sur elle de toutes parts, de même que son Fils, le soleil de justice, l'inonda de ses splendeurs.

Le dragon infernal a été omis à dessein, parce qu'il figure plusieurs fois ailleurs dans le tableau.

1. Les douze étoiles sont aussi le symbole des douze apôtres, et la lune celui de l'Église.

ARTICLE DEUXIÈME.

LES MÉDAILLONS OU L'ENCADREMENT DU TABLEAU.

Des deux côtés et au-dessus de la Vierge règne un encadrement de onze *médaillons*, appuyé sur deux colonnes et sur un cintre de la plus grande simplicité, ces accessoires n'étant nullement destinés à fixer l'attention, qui doit se porter sur les sujets des *médaillons*.

§ 1. *Le médaillon du milieu*, celui qui est au-dessus de la Vierge et qui domine toute la composition, représente le Père Éternel, Jéhovah, l'Ancien des jours. On le voit debout; sa tête puissante et majestueuse se dessine dans le triangle, symbole de la Trinité; il tient dans sa main gauche le livre, où l'Alpha et l'Oméga indiquent qu'il est le commencement et la fin de toutes choses; il élève la main droite comme pour tirer les mondes du néant. Il médite et réalise une double création : d'une part la création du monde de la nature, de l'autre la création du monde de la grâce, dont Marie, Mère de Jésus, est ici le résumé et l'expression complète. C'est ce temple vivant que le Très-Haut se plaît à sanctifier, parce que son Fils doit un jour l'habiter : *Sanctificavit tabernaculum suum Altissimus, Deus in medio ejus*. (Ps. XLV, v. 5.)[1]

Mais la simple prose ne nous suffit plus pour un si grand sujet. Qu'on nous permette d'emprunter à M. l'abbé Duilhé de Saint-Projet quelques strophes de son hymne à la Vierge, qui a obtenu un lis réservé à l'Académie des *Jeux-Floraux* de Toulouse.

1. Tabernaculum... non *hujus* creationis, quod est Deipara Maria (S. Dionys. Alex.)

Nondum erant abyssi, et ego jam concepta eram.
(Prov., ch. VIII, v. 24.)

Les cieux n'existaient pas encore,
Le néant attendait le moment du réveil,
Et Dieu n'avait pas dit à la première aurore
D'annoncer le premier soleil.

Cependant, comme on voit, dans un miroir fidèle,
Se peindre et s'animer les horizons lointains;
Dans une immensité, la pensée éternelle,
Des mondes à venir renfermait les destins.

Seigneur, à la clarté sublime
Des saintes révélations,
Je t'ai vu debout sur l'abîme,
Sourire à deux créations.

D'un côté, c'était la nature
Avec ses mondes infinis;
De l'autre, une humble créature,
Mais dont le sein cachait ton Fils.

Là tout célèbre ta puissance,
Ici tout parle de bonté;
Les cieux ont leur magnificence,
Et la Vierge sa pureté.

Ils roulent enclos dans l'espace,
Elle engendre l'immensité;
Pour eux, à chaque heure qui passe,
Une grande page s'efface;
Marie est la source de grâce
Qui donne l'immortalité!

§ II. Les *dix autres médaillons* représentent des *sujets bibliques*, destinés à dérouler l'histoire du mystère de l'Immaculée Conception, en montrant aux yeux ce qui a précédé, accompagné et suivi son accomplissement.

Il y en a cinq de chaque côté. Ceux du côté *droit* sont tirés de l'ancien Testament, ceux du côté *gauche* du nouveau[1]; ils sont disposés en regard les uns des autres, de manière à établir une sorte de parallélisme entre l'ancien et le nouveau Testament : l'ancien figurant et préparant le nouveau, le nouveau réalisant et expliquant l'ancien, selon cette belle parole de saint Augustin : « *Vetus Testamentum est occultatio novi, novum autem revelatio veteris.* »

Premier médaillon de droite : la Tentation d'Ève ou le triste Présage de la Chute. Le tentateur, l'ange du mal, Satan, sous la forme d'un serpent à visage humain, vient de donner à la mère des hommes le fruit de l'arbre défendu. Il lui demande ce qui l'empêcherait de le goûter : « Pourquoi Dieu vous a-t-il défendu de vous en nourrir? « Si vous le mangez, vous ne mourrez point; vous deviendrez semblables à des dieux : *Cur præcepit vobis Deus « ut non comederetis de omni ligno Paradisi?... Nequaquam morte moriemini; scit enim Deus quod in quocumque die comederitis ex eo, aperientur oculi vestri : et « eritis sicut Dii, scientes bonum et malum.* » (Gen., ch. III, ꝟ. 1, 4, 5.) Et Ève, la trop curieuse, la trop crédule, la trop sensuelle Ève, approche de sa bouche le fruit fatal! Adam, assis auprès de l'arbre, semble scruter aussi les motifs de la défense faite par Dieu.

Premier médaillon de gauche : en face *de la Tentation d'Ève ou du triste Présage de la Chute, l'Annonciation ou le joyeux Présage de la Réparation.* Marie, la nouvelle Ève, celle qui doit renverser la signification malheureuse de ce nom mystérieux, comme le chante l'Église, « *mutans Evæ nomen*, » reçoit le message de l'ange du bien, de Gabriel : « Je vous salue, pleine de grâces, le Seigneur est « avec vous; vous êtes bénie entre toutes les femmes... « Soyez sans crainte, ô Marie, car vous avez trouvé grâce

1. Nous appelons ici côté *droit* celui qui est à la droite de la Vierge, côté *gauche* celui qui est à sa gauche.

« devant Dieu. Voici que vous allez concevoir dans votre « sein, et que vous enfanterez un fils, et que vous l'appel« lerez Jésus. Celui-là sera grand, c'est le Fils du Très-« Haut; Dieu le fera asseoir sur le trône de David, son père, « et il régnera à jamais dans la maison de Jacob, et son « règne n'aura pas de fin : *Ave, gratia plena, Dominus « tecum, benedicta tu in mulieribus... Ne timeas,* Maria, « *invenisti enim gratiam apud Deum; ecce concipies in « utero, et paries filium, et vocabis nomen ejus* Jesum; *hic « erit magnus, et Filius* Altissimi *vocabitur, et dabit illi « Dominus Deus sedem David patris ejus : et regnabit in « domo Jacob in æternum, et regni ejus non erit finis.* » (Saint Luc, ch. i, vv. 28, 30-33.) La parole de l'ange était une révélation implicite de l'Immaculée Conception de la très-sainte Vierge, comme on peut s'en convaincre en lisant l'ouvrage de Mgr Malou, qui a pour titre : *l'Immaculée Conception de la Très-Sainte Vierge Marie, considérée comme dogme de foi* (t. Ier, p. 280). Un lis, qui fleurit aux pieds de la Vierge bénie, atteste que les gloires de sa virginité sauront se concilier par un prodige sans exemple avec les joies de la maternité divine : « *Gaudia matris habens cum virginitatis honore.* » (Liturgie romaine, d'après saint Bernard.) « *Vere benedicta virgo quæ et vir« ginitatis possidet decus et matris dignitatem; vere bene« dicta quæ et superni conceptus meruit gratiam et accepit « integritatis coronam!* » (Saint Pierre Chrysol., serm. 143.) Joseph est endormi tout auprès, comme à l'heure où l'ange l'informera du mystère qui vient de s'accomplir.

Deuxième médaillon de droite : la Promesse du Messie réparateur qui relèvera le genre humain de sa Chute. Adam et Ève sont à genoux, la confusion peinte dans toute leur attitude; le serpent, condamné désormais à ramper, traîne péniblement ses anneaux dans la poussière. Et Dieu, le montrant du doigt, lui dit : « J'établirai inimitié entre toi et « la femme, entre ta race et la sienne ; elle t'écrasera la tête, « et tu chercheras à mordre son talon : *Inimicitias ponam » inter te et mulierem, et semen tuum et semen illius; ipsa « conteret caput tuum, et tu insidiaberis calcaneo ejus.* » (Gen., ch. III, v. 15.) Dans ces paroles de la promesse est contenue la première révélation que Dieu ait faite à l'homme du mystère de l'IMMACULÉE CONCEPTION DE MARIE, comme on peut s'en convaincre en lisant l'ouvrage de Mgr Malou, déjà cité : l'*Immaculée Conception de la bienheureuse Vierge Marie, considérée comme dogme de foi* (t. Ier, p. 248-280).

Deuxième médaillon de gauche : en face de *la Promesse, son Accomplissement par la Naissance du Messie réparateur.* MARIE et Joseph, pleins d'une sainte allégresse, contemplent l'Enfant-Dieu couché dans la crèche de Bethléem : « *Et peperit* (MARIA) *filium suum primogenitum, et pannis « eum involvit, et reclinavit eum in præsepio.* » (Saint Luc, ch. II, v. 7.) Les anges s'empressent autour de leur maître et lui offrent leurs adorations : *Et cum iterum introducit primogenitum in orbem terræ, dicit : Et adorent eum omnes angeli Dei.* (Heb., ch. I, v. 6.)

Troisième médaillon de droite : l'Expulsion d'Adam et d'Ève du Paradis terrestre. Un chérubin armé chasse devant lui nos premiers parents éplorés qui, dans leur détresse, s'appuient l'un sur l'autre pour mieux se soutenir ; le serpent fuit avec eux, mais sa tête menaçante semble les poursuivre. Le monde apparaît désolé ; on y voit une végétation triste et hérissée d'épines ; le soleil se lève sombre et pâle à l'horizon : *Et emisit eum Dominus Deus de Paradiso voluptatis, ut operaretur terram, de qua sumptus est ; ejecitque eum, et collocavit ante Paradisum voluptatis Cherubim, et flammeum gladium atque versatilem, ad custodiendam viam ligni vitæ.* (Gen., chap. III, vv. 23, 24.)

Troisième médaillon de gauche : en face de *l'Expulsion d'Adam et d'Ève du Paradis terrestre, l'Assomption de Marie au Paradis céleste.* La nouvelle Ève, après avoir accompli ici-bas sa mission, va recevoir là-haut sa récompense. Elle a participé aux souffrances et aux ignominies du nouvel Adam, elle va participer à sa béatitude et à sa gloire ; comme il est monté au ciel, elle va y être portée en triomphe. On la voit, cette véritable épouse des Cantiques, s'appuyer sur son Bien-Aimé ; des anges s'empressent autour d'elle et lui servent de trône. Ici plus de serpent, plus de nature hostile ou désolée ; le soleil projette au loin tous ses rayons : *Quæ est ista quæ ascendit de deserto, deliciis affluens, innixa super dilectum suum?* (Cant., ch. VIII, v. 5.)

Quatrième médaillon de droite : Judith auprès d'Holopherne, figure de MARIE, *libératrice* par suite de son IMMACULÉE CONCEPTION et de sa sainteté parfaite. L'héroïne juive montre la tête qu'elle vient de trancher, la tête de ce fier commandant des armées ennemies, qui était la figure du démon, le chef des légions infernales, notre ennemi acharné [1].

Quatrième médaillon de gauche : en face *de Judith et d'Holopherne*, MARIE *et Satan.* On a représenté MARIE sous les traits de la *femme glorieuse de l'Apocalypse*, qui paraît revêtue du soleil comme d'un manteau, couronnée d'un diadème de douze étoiles, et ayant la lune sous ses pieds : *Et signum magnum apparuit in cœlo : mulier amicta sole, et luna sub pedibus ejus, et in capite ejus corona stellarum duodecim.* (Apoc., ch. XII, v. 1.) Elle élève la croix, instrument de notre salut, et défie avec une majesté tranquille le démon, représenté par un dragon formidable, qui dresse

1. Voir, pour le développement de cette belle figure de l'IMMACULÉE CONCEPTION, le livre déjà cité de Mgr Malou (t. Ier, p. 334).

en vain ses sept têtes superbes : il est vaincu, il sera lié et précipité à jamais dans l'enfer! (Voy. Apoc., ch. XII, v. 3; ch. XIII, v. 1; ch. XX, vv. 14, 15.)

Cinquième et dernier médaillon de droite : Esther devant Assuérus, figure de MARIE *protectrice.* La belle Esther intercède auprès du grand roi en faveur de son peuple, c'est-à-dire de la synagogue, représentée ici par deux jeunes filles qui s'abritent sous son manteau; et Assuérus, qui aime Esther, qui est épris de sa beauté pleine de modestie, lui tend son sceptre, la rassure dans ses alarmes, et lui dit : « Qu'avez-vous, Esther? Ne craignez pas, je suis votre « frère, car ce n'est point pour vous, mais pour tous les « autres qu'a été faite cette loi; approchez-donc et touchez « mon sceptre. *Quid habes, Esther? Ego sum frater tuus.* « *noli metuere. Non morieris, non enim pro te, sed pro* « *omnibus hæc lex constituta est; accede igitur, et tange* « *sceptrum.* » (Esther, ch. XV, vv. 12-14.)

Cinquième et dernier médaillon de gauche : en face d'*Esther devant Assuérus*, MARIE *au ciel devant le trône de Dieu.* MARIE est représentée intercédant pour nous, Elle que l'Église se plaît à appeler le Secours des chrétiens, la miséricordieuse Avocate, le Refuge des pécheurs: *Auxilium christianorum, Advocata nostra, Refugium peccatorum*, et qu'un saint docteur n'a pas craint de désigner sous le nom de Toute-Puissance suppliante : *Omnipotentia supplex*; elle est là, toujours suppliante pour nous, qui sommes son peuple; elle dit à Dieu, comme Esther à Assuérus : « *Que* « *vous êtes admirable, Seigneur! et comme votre aspect est* « *plein de grâces! Valde enim mirabilis es, Domine, et* « *facies tua plena est gratiarum!* » (Esther, ch. XV, v. 17.)

Tel est l'ensemble et tel est le détail de ces *médaillons*, qui résument les gloires bibliques de l'IMMACULÉE CONCEPTION; c'est là, pour ainsi parler, la partie *hiératique* du tableau.

ARTICLE TROISIÈME.

LA GRANDE ASSEMBLÉE DE L'ÉGLISE OU LA PARTIE INFÉRIEURE DU TABLEAU.

Ce tableau eût été bien incomplet si, après avoir montré ce que Dieu lui-même a fait pour la gloire de Marie immaculée, il ne disait pas ce qu'a fait à son tour l'Église pour manifester de plus en plus cette action de Dieu. Tel est en conséquence le sujet de ce qui nous reste à expliquer.

§ 1. *Pie IX, le chef de l'Église, au 8 décembre* 1854. Quelle figure pouvait, mieux que celle de Pie IX, présider la grande assemblée des serviteurs de Marie? N'est-ce pas lui qui, outre les autres mérites éclatants d'un pontificat si éprouvé, mais si rempli [1], a été prédestiné par la Sagesse éternelle pour être son organe dans la proclamation solennelle du dogme de l'Immaculée Conception?

Pie IX est donc là au milieu des catholiques, debout sur son trône, revêtu de riches ornements pontificaux, dans tout l'éclat de son pouvoir, portant sur son admirable tête blanche la triple tiare; son majestueux visage est épanoui par la joie; ses bras sont étendus en signe de puissance et d'allégresse. A ses pieds, sur la première des marches de son trône, un rouleau représente la bulle de définition. Plus bas, quatre livres portent pour titre : *Biblia sacra*, *Traditio*, *Liturgia*, *Theologia*; ce sont les quatre grandes sources auxquelles il a fallu puiser pour rédiger la bulle, les quatre bases solides sur lesquelles a été établi, comme un indestructible édifice, le grand acte du 8 décembre 1854 [2].

1. Voyez le bel ouvrage de M. l'abbé Margotti, traduit et complété par M. Chantrel : *Les victoires de l'Église pendant les dix premières années du Pontificat de Pie IX*. Paris, chez Gaume, 1858, In-8°.

2. Voyez dans l'ouvrage déjà cité de Mgr Malou un long développement de ces quatre ordres de preuves (t. I-II, ch. II-XI).

Pie IX, remplissant tout le milieu du tableau, divise en deux parties distinctes les représentants de l'Église. A sa *droite* on voit l'Église du passé, jadis militante comme nous, aujourd'hui triomphante; à sa *gauche*, l'Église du présent, celle que Pie IX a pour mission de guider vers la Jérusalem céleste. Le pontife s'appuie, pour ainsi dire, sur la première pour parler avec autorité à la seconde.

L'exiguïté de l'espace auquel il faut savoir restreindre un tableau ne permettait guère de donner à ces divers personnages les attributs par lesquels on est convenu de les distinguer. On s'est du moins efforcé de représenter fidèlement les traits de chacun : ceux des anciens, d'après les traditions les plus authentiques; ceux des modernes, d'après leurs photographies; nous osons nous flatter que la plupart d'entre eux seront reconnus au premier coup d'œil; néanmoins, nous croyons devoir les désigner tous ici les uns après les autres. Cette sorte de *légende* sera pour nous l'occasion de faire connaître les motifs qui nous ont fait choisir ces personnages, de préférence à tant d'autres non moins dignes peut-être d'avoir ici leur place.

§ II. *L'Église du Passé.* La partie de l'assemblée qui est à *droite* de Pie IX montre à tous les regards :

1. *Les écrivains sacrés* ou *auteurs de la Bible*, qui ont fourni le sujet et les textes des *médaillons* [1]. Ce sont :

A. Pour l'*Ancien Testament :*

Moïse, dont le front, rayonnant de deux traits lumineux, est levé vers le ciel, et dont les yeux paraissent comme éblouis par les foudres du Sinaï; auteur de la Genèse, il personnifie tous les historiens bibliques, qui racontent le passé.

David, qui porte la couronne royale sur sa tête et le livre des Psaumes dans la main droite; auteur de la plu-

1. Voyez, dans l'ouvrage déjà cité de Mgr Malou, le ch. VIII.

part de nos saints cantiques, il personnifie tous les Prophètes, qui avaient mission de révéler l'avenir.

Salomon, également couronné, portant une image du temple dans la main gauche, auteur du Cantique des Cantiques et des Proverbes; il personnifie tous les écrivains sapientiaux, qui ne racontent pas le passé, ne révèlent pas l'avenir, mais proposent une doctrine d'une actualité toujours présente.

B. Pour le *Nouveau Testament :*

Saint Luc, dont on ne voit qu'une partie du visage: il personnifie tous les Évangélistes.

Saint Jean, reconnaissable à l'air de jeunesse qui le distinguait parmi les autres Apôtres; auteur de l'Apocalypse, il personnifie tous les Prophètes de la nouvelle loi.

II. *Les auteurs et les propagateurs du Symbole*, l'une des sources de la *Liturgie*, comme l'Écriture, et où se trouve cette grande parole qui donne la vraie raison de l'IMMACULÉE CONCEPTION : « *Natus ex* MARIA VIRGINE [1]. » Ce sont :

Saint Pierre, avec ses clefs, personnification des douze Apôtres qui ont formulé ce symbole au concile de Jérusalem (Act., ch. XV);

Saint Paul, armé du glaive de la parole, personnification des prédicateurs de tous les siècles, qui ont porté dans le monde la connaissance de ce symbole, et par suite de la VIERGE IMMACULÉE.

III. *Les Pères et les Docteurs de l'Église*, représentants augustes de la *tradition* catholique sur la conception sans tache de la MÈRE DE DIEU [2].

A. Les plus nombreux appartiennent à l'Église *Orientale*.

1. Voyez l'ouvrage déjà cité de Mgr Malou (t. II, ch. XI).

2. On peut voir dans le livre de Mgr Malou, et dans le grand ouvrage du Père Passaglia (*De immaculato deiparæ semper Virginis conceptu commentarius*), les divers témoignages de cette tradition.

On ne peut en douter, s'ils eussent vécu de nos jours, tous ces grands hommes se seraient associés avec bonheur, le 8 décembre 1854, à la joie de ceux des Orientaux qui sont restés orthodoxes, et aux transports d'allégresse de tout l'Occident. On sait quelle dévotion profonde les hérétiques et les schismatiques de l'Orient ont conservée, malgré leur abaissement, pour celle qu'ils nomment la PANAGIA, c'est-à-dire la TOUTE-SAINTE. En 1854 ils s'indignaient, dans les feuilles destinées à avoir un écho chez nous, de ce que le Pontife romain faisait de nouveaux dogmes; mais, au même temps, ils s'étonnaient, dans leurs feuilles plus exclusivement locales, de voir que ce point de doctrine fût encore à définir parmi nous, tandis qu'à leurs yeux il fait partie de la foi de temps immémorial. Dans cette partie de l'Église qui occupe la *droite* du tableau, et qui forme comme deux groupes, les Orientaux remplissent plus de la moitié du deuxième groupe. Ce sont, en commençant toujours par le côté le plus éloigné de Pie IX :

1° *Saint Éphrem* (celui dont la tête est recouverte d'un capuchon), le diacre célèbre par sa dévotion envers MARIE et ses admirables ouvrages, le digne représentant des traditions de l'Église syriaque;

2° *Saint Cyrille d'Alexandrie* (avec une croix sur sa coiffure orientale), le héros du concile d'Éphèse, où fut proclamée solennellement la maternité divine de MARIE, le représentant illustre de l'Église gréco-égyptienne;

3° Les quatre grands docteurs de l'Église grecque proprement dite : *saint Jean Chrysostôme*, *saint Basile*, *saint Athanase*, et *saint Grégoire de Nazianze*, rangés à la suite l'un de l'autre, étroitement unis ensemble;

4° *Saint Grégoire l'Illuminateur* (placé au-dessous de saint Éphrem et de saint Cyrille d'Alexandrie), l'apôtre et le représentant naturel de l'Église arménienne;

5° *Saint Cyrille et saint Méthode* (dont on n'aperçoit que le sommet de la tête devant saint Grégoire de Nazianze), apôtres inséparables de l'Église slave, à laquelle appartiennent, entre autres peuples de l'Orient, les Bulgares, nation tombée dans le schisme, mais qui, précisément à la suite de la proclamation du dogme de l'IMMACULÉE CONCEPTION, a fait pour en sortir des efforts dont la catholicité hâte de ses vœux la complète réalisation.

B. Les quatre personnages qui, dans le deuxième groupe, paraissent au premier plan et occupent le plus d'espace, sont les quatre grands docteurs de l'Église *Latine* ou *Occidentale :*

Saint Jérôme, qui porte dans sa main droite sa traduction de la Bible;

Saint Ambroise, celui qui montre la VIERGE IMMACULÉE;

Saint Augustin, à genoux, et qu'on découvre tout entier; son regard est fixé sur Pie IX;

Saint Grégoire le Grand, en prière, la tête ornée de la tiare pontificale.

IV. Les *Théologiens*, qui tous ont appartenu ou aux ordres religieux, ou aux universités; et qui, pour cette raison, sont représentés dans le tableau par les fondateurs des principales familles religieuses, et par un chancelier de la plus célèbre université. Voici l'ordre dans lequel ils sont placés :

A. D'abord les *Ordres religieux :*

1° *Saint Benoît*, fondateur des Bénédictins, qui ont été les religieux des *premiers temps de l'Église* (c'est celui dont la tête est recouverte du capuchon monacal, au-dessous des clefs de saint Pierre);

2° Pour les grands ordres du *moyen âge :*

Saint Simon Stock, représentant de l'ordre des Carmes;

Saint François d'Assise, père de l'innombrable famille

des Franciscains, Capucins, Observantins, Récollets; et *Duns Scott*, le plus illustre champion de l'IMMACULÉE CONCEPTION, dans cet ordre si dévoué à la gloire de MARIE (ces trois personnages apparaissent entre la tête de saint Benoît et celle de saint Léon le Grand);

Saint Dominique, père de la famille non moins célèbre des Frères-Prêcheurs, connu par sa grande dévotion à la MÈRE DE DIEU. Outre qu'on lui attribue l'institution du Rosaire, plusieurs ont cru que l'écrit jeté dans les flammes par cet apôtre des Toulousains, en preuve de sa foi, et préservé miraculeusement, contenait un témoignage de sa croyance à L'IMMACULÉE CONCEPTION[1] (c'est le premier au delà de saint Léon le Grand).

3° Les ordres religieux *modernes*, contemporains de la *Renaissance* et de la prétendue *Réforme*, et tous les clercs réguliers, en général, ont pour représentant dans le tableau *saint Ignace* de Loyola, le plus illustre des fondateurs de cette époque, un des grands promoteurs de la vraie Réforme, le maître de saint François Xavier! (C'est le personnage qui est à genoux près du trône de Pie IX, et qui a saint Dominique à sa droite, saint Alphonse de Liguori à sa gauche.) On aurait voulu donner ici une place au fondateur de chaque ordre moderne, mais il a fallu savoir se borner.

4° *Saint Alphonse de Liguori*, fondateur des Rédemptoristes, représente tous les corps religieux *d'origine récente*. L'Église est toujours féconde, et toutes les sociétés qu'elle ne cesse d'enfanter, selon les besoins des temps, s'empressent de mettre leur berceau sous la garde de MARIE IMMACULÉE.

Quel regret n'éprouve-t-on pas de se voir forcé d'omettre, dans ce tableau des *grands serviteurs de la Mère de Dieu* :

1. Voyez l'*Année Dominicaine*, numéro du mois d'août 1862.

et les Oratoriens du cardinal de Bérulle, et les Lazaristes de saint Vincent de Paul, et les Sulpiciens de M. Olier, et la congrégation des Missions-Étrangères, et les Maristes, et les Oblats, et les Picpuciens, et les Missionnaires du Père Libermann, etc., etc. !...

B. Après les ordres religieux de tous les temps on voit, dans le tableau, un *chancelier de l'Université* de Paris, bien digne assurément de représenter ici toutes les universités catholiques, car elle a été la plus célèbre, la plus exaltée par les Souverains Pontifes. (Ce personnage est celui qu'on remarque au-dessus de saint Liguori, presque caché comme lui par les ornements de Pie IX). Les Universités, nourrices fécondes des fortes études théologiques, se sont montrées de bonne heure dévouées à l'Immaculée Conception. Celle de Paris porta, en 1497, un décret à jamais mémorable, par lequel elle excluait de son sein quiconque refuserait de prêter le serment de soutenir cette croyance *envers et contre tous* [1]. Un décret semblable fut porté, en 1499, par l'Université de Cologne; en 1501, par celle de Mayence; en 1617, par celle d'Alcala; et, en 1618, par celle de Salamanque, etc.

Afin de compléter cette représentation de l'Église universelle du passé, dans ses hommages à la Vierge Immaculée, on a donné place dans le premier groupe (c'est-à-dire au rang supérieur, à côté de Pie IX) au pape *Alexandre VII* et à l'empereur *Ferdinand II*; dans le deuxième groupe, au bienheureux *Léonard de Port-Maurice* (dont on n'aperçoit que le sommet de la tête au-dessus de saint Ignace, près de Pie IX), et voici la raison de ce choix :

1° *Alexandre VII* (de l'illustre famille des Chigi, à la-

1. On peut voir dans le premier sermon de Bossuet sur l'Immaculée Conception, à la fin du premier point, une très-belle allusion à ce décret.

quelle appartient monseigneur le nonce actuel du Pape à Paris), promulgua, il y a deux siècles, le 8 décembre 1661, la célèbre constitution *Sollicitudo*, qui peut être considérée comme la préparation directe de la définition dogmatique[1]. Ce digne précurseur de Pie IX, connu par sa tendre dévotion envers MARIE, représente ici tous les *Souverains Pontifes* qui l'ont précédé, dans leurs efforts pour glorifier L'IMMACULÉE CONCEPTION. Il rappelle entre autres :

Eugène IV, sous le pontificat duquel le concile de Bâle promulgua, le 14 septembre 1439, un décret qui range la pieuse croyance parmi les vérités catholiques, dont personne ne peut douter, parce qu'elle est conforme à l'Écriture et basée sur la tradition[2]. Malheureusement ce concile s'étant mis en opposition avec le chef de l'Église, ses décrets ne purent être sanctionnés par l'autorité apostolique;

Sixte IV, qui, en 1477, par sa célèbre constitution *Cum præcelsa*, donna un nouvel éclat au privilége de MARIE, en approuvant la messe et l'office de L'IMMACULÉE CONCEPTION, composés par Léonard de Nogarolis. En 1483, par sa constitution *Grave nimis*, il défendit, sous des peines sévères, de taxer d'hérésie ceux qui soutenaient l'opinion contraire au privilége de MARIE, *parce que*, dit-il, *l'Église apostolique et Romaine n'a pas encore décidé la question;*

Léon X (1513-1521), qui ordonna au cardinal Cajétan et à d'autres théologiens célèbres de lui exprimer l'opinion qu'ils s'étaient faite sur le mystère de L'IMMACULÉE CONCEPTION, et sur la possibilité de le définir comme dogme de foi.

1. On peut voir dans l'ouvrage de Mgr Malou une analyse exacte de cette constitution (t. Ier, p. 76-79; t. II, p. 312-319), et un tableau très-intéressant de tout ce que fit Alexandre VII pour la gloire de l'*Immaculée Conception* (t. II, p. 298-322). On conserve encore dans les archives de la famille Chigi le volumineux dossier de cette grande affaire.

2. Voyez, dans l'ouvrage de Mgr Malou déjà cité, t. Ier, p. 59.

Ce grand Pape avait sans doute l'intention de saisir de cette question importante le cinquième concile de Latran, qu'il célébrait alors : le cardinal Cajétan, dans le traité qu'il présenta, en 1514, au Saint-Père, affirme du moins que telle fut sa pensée ;

Paul III, sous l'autorité duquel, en 1546, le saint concile de Trente déclara, après avoir défini l'universalité de la tache originelle, que son intention n'était point de comprendre dans ce décret la BIENHEUREUSE ET IMMACULÉE VIERGE MARIE [1] ;

Saint Pie V, de l'ordre des Frères Prêcheurs, qui dans sa bulle *Super speculum*, donnée en 1570, pour réprimer l'ardeur des querelles toujours renaissantes sur ce sujet entre les théologiens, défendit aux champions des deux opinions de taxer d'erreur leurs doctrines mutuelles ;

Paul V, qui, dans l'année 1616, envoya en Espagne sa Lettre *Regis Pacifici*, par laquelle il défendait d'agiter la question de l'IMMACULÉE CONCEPTION en public, et de disputer pour ou contre le privilége de la SAINTE VIERGE devant le peuple, sous les peines marquées dans les Bulles de Sixte IV et de saint Pie V. Par un décret du tribunal de la Sainte Inquisition, en date du 31 août 1617, maintenant ces défenses à l'égard des adversaires de l'IMMACULÉE CONCEPTION, il les leva en faveur de ceux qui la soutenaient, leur permettant de soutenir leur opinion en public, avec cette seule réserve qu'ils ne combattraient pas l'opinion contraire, qu'ils n'en parleraient pas ;

Grégoire XV, qui, le 24 mai 1622, fit un nouveau pas dans la même voie, en étendant jusqu'aux discours particuliers la défense portée par Paul V de nier en public l'IMMACULÉE CONCEPTION de MARIE. Cependant, par égard pour

1. Conc. Trid., Sess. V.

les religieux de l'ordre de Saint-Dominique, qui rendaient de grands services à l'Église, il leur accorda, le 28 juillet 1622, la permission de soutenir leur opinion dans des colloques privés, *entre eux seulement*, *et non pas en présence d'autres personnes*.

Ces mesures, prises par Paul V et par Grégoire XV, renfermaient évidemment une définition indirecte de l'Immaculée Conception, car il est impossible que les Souverains Pontifes, organes infaillibles de l'Église, prononçant en matière de doctrine, imposent jamais silence à la vérité, et défendent d'attaquer l'erreur. Les dispositions disciplinaires du Saint-Siége ont donc préjugé d'une manière pratique la définition dogmatique plus de deux siècles avant qu'elle fût prononcée. Le seul pas qui pouvait rester à faire, pour préparer directement le décret du 8 décembre 1854, fut fait par la constitution du 8 décembre 1661 du pape *Alexandre VII*.

2° *Ferdinand II*, ce grand prince si ferme dans l'adversité, et qui fut de son temps le bouclier du catholicisme, représente tous les *souverains* qui ont travaillé à l'heureux triomphe de l'Immaculée Conception, aussi bien que les *ordres équestres et militaires* voués à la défense de ce privilége si populaire [1]. Un pareil honneur lui était bien dû : c'est lui qui choisit la glorieuse Vierge Marie pour le géné-

1. Le 20 septembre 1625, Urbain VIII, à la demande d'Isabelle, reine d'Espagne, institua un ordre militaire de l'*Immaculée Conception*. Cet ordre se propagea ensuite dans les états d'Autriche, où il contribua à la défense de la chrétienté. — Dans le royaume de Portugal, un ordre équestre de l'*Immaculée Conception* existe depuis longtemps. — Charles III, roi d'Espagne, érigea un nouvel ordre équestre de l'*Immaculée Conception* vers le milieu du XVIIIe siècle; cet ordre s'étendit dans les colonies espagnoles. — Il existait déjà en Espagne un ordre équestre, d'autant plus remarquable qu'il avait pour but principal d'obtenir la définition de l'*Immaculée Conception*.

ralissime de ses armées et remplaça l'aigle des étendards impériaux par la statue de la Mère de Dieu; c'est lui qui, entre autres choses, obtint du pape Urbain VIII que la fête de l'Immaculée Conception fût déclarée de précepte dans tous les États héréditaires de la maison d'Autriche; c'est lui qui, par une lettre admirable, supplia le Saint-Siége de vouloir bien fixer enfin ce dogme, disant qu'il « contribuerait puissamment à la gloire de Dieu et rendrait la paix à « l'Église, au sein de laquelle cette question était devenue « une source de querelles inépuisable. » Il ne fut pas seul à solliciter ce grand acte. Il fut imité par Sigismond, roi de Pologne, par Philippe IV, roi d'Espagne, par les électeurs de Bavière, de Cologne, de Mayence, et par un grand nombre d'autres princes catholiques de France, d'Espagne surtout, qui envoyèrent ambassade sur ambassade à Rome pour obtenir du Saint-Siége la définition de l'Immaculée Conception [1].

3° Enfin, le *Bienheureux Léonard de Port-Maurice*, qui forme comme le dernier anneau de cette longue chaîne de témoins du privilége de Marie, personnifie à lui seul la *tradition vivante* de l'Église, et *ses vœux ardents* pour la définition, car il l'a sollicitée avec instance auprès de Clément XII. La lettre mémorable qu'il écrivit à ce sujet a été regardée justement comme une prophétie de ce dont nous avons été les heureux témoins [2].

§ III. *L'Église des temps actuels.* La partie de l'assemblée qui est à la *gauche* de Pie IX représente, comme nous l'avons déjà dit, l'*Église contemporaine.* Les personnages y sont disposés de manière à former trois groupes assez distincts.

1. Voir, dans l'ouvrage de Mgr Malou, l'histoire détaillée de toutes ces ambassades (t. II, ch. XII).

2. Voir cette lettre dans l'ouvrage de Mgr Malou, t. II, p. 331.

I. Le groupe d'*en haut* est formé de quelques-uns de ceux qui ont le plus travaillé à préparer la définition, avant le 8 décembre 1854, ou à la défendre et à l'exalter depuis qu'elle a été promulguée. Au milieu d'eux domine *Sa Sainteté Grégoire XVI*, dont Pie IX n'a eu qu'à compléter l'œuvre, comme lui-même n'avait eu qu'à développer celle de Pie VII et des autres Papes dont nous avons cité les noms.

Voici l'ordre dans lequel les autres membres de ce groupe sont disposés, à partir de Pie IX :

Le premier est un simple fidèle. C'eût été une injustice et une ingratitude que d'oublier dans ce tableau les laïques, car eux aussi ont lutté à leur manière pour la gloire de la Mère de Dieu. On peut même assurer que nos habitudes de publicité quotidienne ont fait du dévouement des laïques un auxiliaire presque indispensable de celui des ministres du Seigneur; et comme c'est par la voie de la presse que les laïques ont rendu les services les plus éminents, on a choisi de préférence, pour les représenter tous, un publiciste, *M. Léon Carbonero y Sol*, professeur à l'Université de Séville, fondateur et rédacteur en chef de la vaillante revue espagnole *la Cruz*, dédiée à l'Immaculée Conception. Mais pourquoi donc un Espagnol ? Pour deux motifs : d'abord parce que le peuple espagnol est, entre tous, celui qui toujours s'est le plus signalé par son ardente dévotion envers l'Immaculée Conception; ensuite parce que nous sommes Français et qu'il nous répugne à ce titre de faire de notre œuvre une apologie des représentants les plus illustres de la presse catholique française; leur modestie nous en ferait un reproche. Si quelque peintre ou graveur de l'Andalousie est désireux de traiter un jour le même sujet que nous, il aura le droit de présenter à l'admiration de l'avenir M. de Montalembert ou M. Louis Veuillot, le comte Henri de

Riancey ou M. de Falloux; et certes, quel que soit ici de ces noms illustres celui qui fixe son choix, l'éloquence et le dévouement à l'Église seront bien représentés!

Après M. Carbonero y Sol, viennent :

Le *R. P. Gaude*, cardinal dominicain, auteur d'un solide traité sur l'IMMACULÉE CONCEPTION : *De* IMMACULATO CONCEPTU, *ejusque dogmatica definitione in ordine præsertim ad scholam thomisticam, et institutum FF. Prædicatorum*. Le *P. Gaude* représente ici, dans notre pensée, tout l'ordre des Frères Prêcheurs, qui a tenu, à la dernière heure, en présence des vœux manifestes de la chrétienté, à renoncer avec éclat à des traditions particulières, pour s'associer à la croyance générale :

Dom Guéranger, avec son *Mémoire sur la question de l'*IMMACULÉE CONCEPTION DE LA TRÈS-SAINTE VIERGE, le plus remarquable peut-être des écrits publiés sur ce sujet; il représente tout l'ordre de Saint-Benoît, qui a été ressuscité par lui en France, et qui a eu la gloire de donner hier au Sacré-Collége un de ses plus illustres enfants;

Le cardinal *Lambruschini*, qui publia à Rome, en 1843, une dissertation célèbre, traduite dans toutes les langues de l'Europe : *Sull'* IMMACOLATO CONCEPIMENTO DI MARIA, *dissertazione polemica* ; cette dissertation a exercé, comme on sait, une décisive influence ;

Le *P. Biancheri*, prêtre de la Mission, et qui a démontré de la manière la plus solide l'opportunité de la définition dogmatique dans son livre intitulé : *Voto, in forma di dissertazione, sulla definizione dogmatica dell'* IMMACULATO CONCEPIMENTO DELLA B. V. M., Tivoli, 1848;

Le *P. Augustin Theiner*, le savant oratorien allemand, le continuateur de Baronius, qui fut appelé à faire partie des commissions de théologiens nommées à plusieurs reprises, de 1847 à 1854, par N. S. P. le pape Pie IX, pour l'examen de la grande question dont s'occupait alors tout l'univers catholique;

Le *P. Bigoni*, ancien général des Pères conventuels, auteur de l'excellent opuscule : *In lode di* Maria sanctissima, *senza macchia concetta, dissertazione panegyrica. Venezia*, 1849;

Le *P. Perrone* (le premier à la gauche de Grégoire XVI), une des lumières du Collège romain, bien connu par ses ouvrages théologiques et en particulier par le beau traité : De immaculato B. V. Mariæ conceptu, *an dogmatico decreto definiri possit, disquisitio theologica. Romæ*, 1847. Le P. Perrone représente ici toute la compagnie de Jésus, qui a eu la plus grande part aux travaux préparatoires de la définition[1];

Mgr *Ullathorne*, évêque de Birmingham, un des principaux représentants de la hiérarchie catholique, reconstituée dans la Grande-Bretagne par Pie IX. Ce savant prélat a proposé le mystère de l'Immaculée Conception aux pays de langue anglaise, dans un excellent livre intitulé : *The* Immaculate Conception *of the mother of God, an exposition*, 1855. *Londres et Baltimore;*

Mgr *de Quélen*, archevêque de Paris, qui s'est toujours montré si plein de zèle pour le culte de l'Immaculée Conception dans son diocèse, et qui demanda instamment à Grégoire XVI, avec un très-grand nombre d'autres prélats français, la définition dogmatique;

1. On ne nous pardonnerait point de ne pas nommer ici, entre autres travailleurs infatigables, le *P. Ballerini*, auteur du grand recueil qui a pour titre : *Sylloge monumentorum, ad mysterium* Virginis Deiparæ *illustrandum*, 2 vol. in-8° grec-latin; et surtout le *P. Passaglia*, dont l'ouvrage bien plus grand encore : de Immaculato Deiparæ semper Virginis conceptu *commentarius*, a éclipsé tous ceux qui l'avaient précédé. Pourquoi faut-il, hélas! que ce nom soit devenu si tristement célèbre par des ouvrages bien différents?

Mgr *de Morlhon*, évêque du Puy, qui s'est immortalisé par l'érection de la statue de Notre-Dame de France, et que Pie IX, lors de la canonisation des martyrs japonais, se plaisait à appeler l'*évêque de la* grande Madone ; il a mérité qu'on érigeât après sa mort sa statue auprès de celle de Marie, sur le rocher Corneille ;

A côté de Mgr de Morlhon, et comme inséparable de lui, l'abbé *Dominique Sire*, directeur au séminaire de Saint-Sulpice, auteur de deux travaux gigantesques en l'honneur de l'Immaculée Conception. L'un est la *Collection historique de tous les documents relatifs* à la définition du dogme de l'Immaculée Conception, documents qui forment la matière de plus de 400 volumes in-8°, et qui sont conservés dans la bibliothèque de la basilique de Notre-Dame du Puy. L'autre est la *Traduction manuscrite, dans toutes les langues du monde, de la Bulle de l'*Immaculée Conception, traduction qui formera au moins 20 volumes in-4° de 500 pages chacun, et qui, après avoir été richement illustrée par de zélés artistes, sera donnée à Pie IX, pour être conservée au Vatican comme un hommage de reconnaissance de tous les peuples[1]. C'est encore à M. l'abbé Sire que nous devons, comme on l'a déjà vu, le magnifique programme de ce tableau ; il en a déterminé tous les médaillons et tous les personnages ; nous n'avons en rien altéré son plan, sauf en lui donnant ici une place si bien méritée.

On observera, sans qu'il soit besoin de le faire ressortir, que ce petit nombre de personnages, pris à tous les degrés de la hiérarchie, présentent à l'œil comme un raccourci de toute l'Église contemporaine, au point de vue de la science

1. On trouvera des détails intéressants sur cette traduction dans le *Monde* du 1er juin 1863, dans le *Correspondant* du 25 septembre 1863 (article de M. l'abbé Henri Perreyve), et dans la *Revue du Monde Catholique* du 25 novembre 1861 (article de M. Eugène Baville).

sacrée. *Grégoire XVI*, dans notre intention, c'est la papauté; le cardinal *Lambruschini*, c'est le Sacré-Collège; NN. SS. *de Quélen*, *de Morlhon*, *Malou*, *Ullathorne*, l'épiscopat; les RR. PP. *Bigoni*, *Gaude*, *Theiner*, *Biancheri*, *Perrone* et *dom Guéranger*, les théologiens des ordres religieux; Mgr *Audizio*, qui est au second groupe, et dont nous parlerons bientôt, la prélature; M. l'abbé *Sire*, le clergé séculier; *M. Carbonero y Sol*, les apologistes laïques.

II. Le deuxième groupe, celui *du milieu*, a pour but de rappeler l'empressement et l'unité de foi de toutes les Églises du monde, à la mémorable solennité du 8 décembre 1854. Il aurait dû renfermer par centaines les prélats et les prêtres, accourus pour représenter personnellement, auprès de Pie IX, la tradition vivante qu'il avait interrogée. Il a fallu encore ici se borner et faire un choix. Voici l'ordre dans lequel se présentent les personnages de ce groupe, en commençant près de Pie IX :

Son Éminence le cardinal *Antonelli*, le fidèle, l'intrépide et le sage ministre de Pie IX; après l'avoir assisté tant de fois dans la mêlée, il était bien juste qu'il prît place à côté de lui dans le triomphe;

Mgr *Audizio* (dont on ne voit que le sommet de la tête), prélat romain qui a fait partie, comme le P. Theiner, des commissions préparatoires du décret dogmatique, et qui par suite se rattache, comme nous l'avons dit, au groupe d'en haut;

Son Éminence le cardinal *Patrizzi*, vicaire de Rome, auteur de ces touchants *Inviti sacri* en l'honneur de l'Immaculée Conception, qui préparent les fidèles, tous les ans, à la fête du 8 décembre. Paris n'a pas oublié ce majestueux légat que Pie IX désigna, en 1856, pour le représenter à la cérémonie du baptême du Prince impérial;

Son Éminence le cardinal *Macchi*, doyen du Sacré-Collége, que l'on retrouve encore dans le groupe d'en bas, demandant au Souverain Pontife la définition.

(LL. ÉÉm. les cardinaux *Antonelli*, *Macchi*, *Patrizzi*, représentent, avec Mgr *Audisio*, l'Italie.)

Derrière ces cardinaux, mais placés de manière à n'être pas aperçus, se trouvent LL. ÉÉm. :

Le cardinal *de Carvalho*, patriarche de Lisbonne (représentant le Portugal);

Le cardinal prince *de Schwarzenberg*, archevêque de Prague, en Bohême, et le cardinal *Scitowski*, archevêque primat de Gran, en Hongrie (représentants du grand empire d'Autriche);

Mgr *Rizzolati*, vicaire apostolique en Chine, où, de nos jours, tant de zélés apôtres renouent heureusement la chaîne des traditions de piété envers Marie, importées avec la foi dans cet immense empire par les premiers missionnaires (il représente les Églises d'Asie);

Mgr *Bourget*, évêque de Montréal, dans le Canada, terre consacrée jadis à la sainte Vierge par nos pères, et en particulier par le vénérable fondateur de la Compagnie de Saint-Sulpice, M. Olier, portion détachée de la famille française, mais qui n'en reste pas moins unie de la manière la plus étroite à la grande famille catholique (Mgr Bourget représente les Églises d'Amérique);

Mgr *Polding*, archevêque de Sydney, dans ce vaste continent d'Australie, qui est né d'hier seulement à la vie de notre civilisation, et qui grandit si rapidement qu'il semble vouloir atteindre bientôt les proportions des plus puissants empires (ce prélat représente, dans le tableau, les Églises de l'Océanie);

Le cardinal *Wiseman*, archevêque de Westminster, un des maîtres de la littérature religieuse dans son pays, et de la science sacrée dans l'univers entier (il représente les trois royaumes unis de la Grande-Bretagne);

Mgr *Sterckx*, cardinal-archevêque de Malines, celui qui a su offrir aux congrès catholiques, sur la terre libre de Belgique, une si large et si gracieuse hospitalité (il représente la Belgique avec Mgr Malou, dont nous allons parler);

Mgr *Desprez*, l'élégant écrivain, évêque de la Réunion en 1854, aujourd'hui archevêque de Toulouse (il représente les Églises de l'Afrique et de ses îles);

Le cardinal *de Romo*, archevêque de Séville, un des prélats qui avaient sollicité avec le plus d'instance, auprès de Grégoire XVI, la définition du dogme de l'Immaculée Conception (c'est le digne représentant de l'Espagne);

Mgr *Malou*, évêque de Bruges, écouté comme un oracle dans les assemblées qui précédèrent, à Rome, la grande fête du 8 décembre 1854; et qui, à la demande de tout l'épiscopat, a composé pour la postérité un ouvrage complet sur le décret dogmatique : celui-là même que nous avons tant de fois cité;

Mgr *Bouvier*, évêque du Mans, qu'on peut appeler le martyr de la définition du dogme de l'Immaculée Conception. On se souvient en effet que, parti malade de son diocèse pour répondre à l'invitation de Pie IX, il se fit porter mourant à la grande cérémonie de Saint-Pierre, et put, quelques jours après, répéter en expirant, à Rome même, le cantique de Siméon : *Nunc dimittis*, etc. (c'est un honneur pour la France d'avoir donné à une telle cause un tel martyr, et d'avoir été si dignement représentée);

Mgr *de Geissel*, digne successeur des courageux prélats qui l'ont précédé sur le siége de Cologne, plein de zèle pour la gloire de Marie Immaculée, auteur d'une belle prose en son honneur, ravi tout récemment par la mort à l'amour de son vaste diocèse (il représente dans le tableau les catholiques de la Prusse);

Mgr *Marilley*, évêque de Genève, vénérable confesseur de la foi, défenseur intrépide des droits de l'Église (il représente les catholiques de la Suisse);

Mgr *de Reisach*, archevêque de Munich, une des gloires du catholicisme, non-seulement dans la Bavière qu'il représente ici, mais dans toute l'Allemagne.

III. Enfin, le dernier groupe, celui d'*en bas*, est formé de trois personnages seulement, tous les trois à genoux, dans l'attitude de la supplication :

Le premier, le cardinal *Macchi*, doyen du Sacré-Collége, demande au Saint-Père la définition tant désirée.

Le deuxième, également à genoux, l'accompagne au nom de tout l'épiscopat. En réalité, ce fut le plus ancien des archevêques qui accompagna dans cette circonstance le cardinal Macchi; mais par fiction nous avons choisi Son Éminence le cardinal *de Bonald*, archevêque de cette antique Église de Lyon, qui dans tous les temps s'est montrée jalouse de ne se laisser surpasser par aucune autre dans son dévouement à l'Immaculée Conception. Nous avons cru devoir nous arrêter à ce choix, parce que, le lendemain du 8 décembre 1854, dans le consistoire tenu en présence de plus de deux cents évêques, ce fut ce vénérable prince de l'Église qui eut l'honneur de répondre à l'allocution de Pie IX, au nom du Sacré-Collége et de tout l'épiscopat.

Derrière le cardinal de Bonald, en chape orientale, et remarquable par sa longue barbe qui contraste avec le visage nu des Occidentaux, Mgr *Hormuz*, archevêque arménien, s'unit à la demande des évêques latins, au nom de toute l'Église orientale; on le voit élever vers Marie Immaculée ses mains suppliantes, pour qu'il n'y ait plus enfin, en Orient et en Occident, qu'un seul troupeau et un seul pasteur : *unum ovile et unus pastor*. (Évang. de saint Jean, ch. x, v. 16.)

En *résumé*, on a donc dans ce tableau, outre les deux grandes figures de la VIERGE MARIE et de Pie IX, *onze médaillons* et *soixante-cinq personnages*. Les *médaillons* rappellent quelques-uns des traits principaux de l'Ancien et du Nouveau Testament, dans leur rapport mystérieux avec L'IMMACULÉE CONCEPTION. C'est là que les Anges ont leur place auprès de leur Reine.

Les *personnages* rappellent dans son ensemble tout le passé de l'Église de Dieu, aussi bien celui de la synagogue que celui de l'Église chrétienne. Ils représentent la hiérarchie sacerdotale dans tous ses degrés, depuis le Souverain Pontife jusqu'au plus humble prêtre, la multitude des simples fidèles comme le corps des pasteurs, les dépositaires du double pouvoir spirituel et temporel ; toutes les nations du monde, anciennes et modernes, civilisées ou barbares : l'Italie, siége glorieux de la papauté, plus qu'aucune autre ; la France après elle, en sa qualité de fille aînée de l'Église ; l'Espagne ensuite, si dévouée à l'IMMACULÉE CONCEPTION, le Portugal, la Belgique, la Suisse, la Grande-Bretagne, l'Allemagne, la Hongrie, toute l'Europe, l'Orient comme l'Occident, l'Asie, l'Amérique, l'Afrique, les îles lointaines de l'Océanie.

Où trouver, sous une forme plus frappante, la réalisation de la parole de MARIE : « Toutes les générations m'appelle- « ront bienheureuse : *ecce enim ex hoc beatam me dicent « omnes generationes?* » (Luc, ch. I, v. 48.)

ARTICLE QUATRIÈME.

LE PAYSAGE DANS LE TABLEAU.

Mais pour que rien ne manque à ce concert des anges et des hommes, la nature et l'art s'unissent dans ce tableau aux esprits célestes et à l'humanité, pour proclamer la gloire de la Mère de Dieu. On voit en effet, derrière Pie IX, et comme *théâtre* de la grande assemblée :

La place d'Espagne, à Rome, avec sa belle statue commémorative, érigée, selon les désirs du chef de l'Église, sur une colonne antique, par la main du monde entier [1];

Le rocher du Puy, piédestal incomparable préparé par le Créateur lui-même, pour recevoir la statue colossale de Notre-Dame de France, trophée magnifique de notre grande victoire de Sébastopol;

Plus loin, on aperçoit la statue de Notre-Dame de Fourvières, l'honneur de la ville de Lyon, et les monuments de Cologne, de Vérone, de Valence en Espagne,... destinés à rappeler une foule d'autres monuments analogues, qui perpétueront partout, dans l'avenir, l'événement le plus mémorable du temps présent : *Beatam me dicent omnes generationes.*

Ah! que n'avons-nous une lyre, au lieu d'un simple crayon, pour répéter le cri de la création tout entière en l'honneur de la plus parfaite des créatures! Nous oserons du moins emprunter encore une fois celle du poëte que nous avons déjà cité, et nous dirons, dans la joie de notre âme, avec M. l'abbé Duilhé de Saint-Projet :

1. On sait que ce monument a été érigé aux frais des catholiques de tous les pays.

Eh quoi! pour recevoir le corps d'un DIEU SAUVEUR,
Une *femme* parut, entre toutes bénie;
Le cœur de l'HOMME-DIEU se forma dans son cœur;
DIEU respira son souffle et vécut de sa vie;
De son sein virginal DIEU passa dans ses bras;
Son lait, d'un DIEU naissant, fut l'unique breuvage;
DIEU, de ses jeunes mains, caressa son visage,
Et sur ses pas, bientôt, régla ses premiers pas.

Ils vécurent trente ans, ignorés de la terre,
Soumis aux mêmes lois, sous un même soleil;
Du chevet de l'enfant au chevet de la mère,
Le même ange pouvait abriter leur sommeil.

Et de *Satan*, un jour, elle eût été victime!
Esclave de l'enfer!... Et le souffle du crime
Aurait flétri ce lis, berceau du pur amour!
Et, lorsque du serpent elle écrasait la tête,
Le serpent, orgueilleux jusque dans sa défaite,
Aurait pu rappeler ce triomphe d'un jour!...

Non, non, du Roi des rois épouse bien-aimée,
Bannis la crainte, Esther, de ton âme alarmée;
Règne, d'Assuérus le sceptre est dans ta main!
Est-ce toi qu'atteindrait la terrible sentence?
DIEU t'appela sa MÈRE, et de ton innocence
Ce titre est un gage certain.

O bonne VIERGE IMMACULÉE,
Qui sur la terre désolée
Fis descendre le DIEU de paix!
O toi que les astres couronnent,
Et dont les douces mains rayonnent
D'amour, de grâce et de bienfaits;
Tel est de tes grandeurs le secret adorable!
L'univers tout entier, fils d'un père coupable,
Courbera son front sous ta loi.
Mais, dès l'éternité, tu fus sainte, ô ma Mère,
Et le sang, qui devait inonder le Calvaire,
Avait déjà coulé sur toi!

Paris, le 8 décembre 1864.

Nous croyons faire plaisir à nos lecteurs en leur donnant ici en *Appendice*, d'après la liste officielle publiée à Rome en 1854, le nom de tous les prélats qui ont assisté à la proclamation solennelle du dogme de l'IMMACULÉE CONCEPTION.

CARDINALES S. E. R.

PATRIARCHÆ, ARCHIEPISCOPI

ET EPISCOPI

IN BASILICA VATICANA ADSTANTES PIO IX PONT. MAX.
DOGMATICAM DEFINITIONEM DE IMMACULATA CONCEPTIONE
DEIPARÆ VIRGINIS MARIÆ
PRONUNTIANTI INTER MISSARUM SOLEMNIA
DIE 8 DECEMBRIS ANNO 1854.

E^MI ET R^MI DD. CARDINALES.

ORDO EPISCOPORUM.

Vincentius Macchi, Decanus S. Collegii, Episc. Ostien. et Veliternen.
Marius Mattei, Episc. Portuen. et S. Rufinæ.
Constantinus Patrizi, Episc. Albanen.
Aloisius Amat, Episc. Prænest.
Gabriel Ferretti, Episc. Sabinen.
Antonius Maria Cagiano de Azevedo, Episc. Tusculanus.

ORDO PRESBYTERORUM.

Jacobus Philippus Fransoni, Tit. S. Mariæ in Ara-cœli.
Benedictus Barberini, Tit. S. Mariæ Trans-Tiberim.
Hugo Petrus Spinola, Tit. SS. Silvestri et Martini ad Montes.
Adrianus Fieschi, Tit. S. Mariæ de Victoria.
Ambrosius Bianchi, Tit. SS. Andreæ et Gregorii in Monte Cœlio.
Gabriel Della Genga Sermattei, Tit. S. Hieronymi Illyricorum.
Clarissimus Falconieri Mellini, Tit. S. Marcelli, Archiepisc. Ravennaten.
Antonius Tosti, Tit. S. Petri in Janiculo.
Philippus De Angelis, Tit. S. Bernardi ad Thermas, Archiepisc. Firmanus.
Engelbertus Sterckx, Tit. S. Bartholomæi in Insula, Archiepisc. Mechlinien.
Gaspar Bernardus Pianetti, Tit. S. Xysti, Episc. Viterbien.
Aloisius Vannicelli Casoni, Tit. S. Praxedis, Archiepisc. Ferrarien.
Ludovicus Altieri, Tit. S. Mariæ in Portico.
Ludovicus Jacobus Mauritius De Bonald, Tit. SS. Trinitat. in Monte Pincio, Archiepisc. Lugdunen.
Fredericus Joseph Schwarzenberg, Tit. S. Augustini, Archiepisc. Pragen.

Cosimus Corsi, Tit. SS. Joannis et Pauli, Archiepisc. Pisanus.

Fabrius Maria Asquini, Tit. S. Stephani in Monte Cœlio.

Nicolaus Clarelli Paracciani, Tit. S. Petri ad Vincula.

Dominicus Caraffa de Traetto, Tit. S. Mariæ Angelorum, Archiepisc. Beneventan.

Jacobus Piccolomini, Tit. S. Marci.

Guilielmus Henricus de Carvalho, Patriarcha Lisbonen.

Xystus Riario Sforza, Tit. S. Sabinæ, Archiepisc. Neapolitan.

Cajetanus Baluffi, Tit. SS. Petri et Marcellini, Episc. Imolen.

Joannes Joseph Bonnel-y-Orbe, Archiepisc. Toletan.

Jacobus Maria Adrianus Cæsarius Mathieu, Tit. S. Silvestri in Capite, Archiepisc. Bisuntin.

Thomas Gousset, Tit. S. Callisti, Archiepisc. Rhemen.

Nicolaus Wiseman, Tit. S. Pudentianæ, Archiepisc. Westmonasterien.

Joseph Cosenza, Tit. S. Mariæ in Transpontina, Archiepisc. Capuan.

Joseph Pecci, Tit. S. Balbinæ, Episc. Eugubin.

Dominicus Lucciardi, Tit. S. Clementis, Episc. Senogallien.

Hieronymus D'Andrea, Tit. S. Agnetis extra muros.

Carolus Aloisius Morichini, Tit. S. Onuphrii, Episc. Æsinus.

Joannes Brunelli, Tit. S. Cæciliæ Trans-Tiberim.

Joannes Scitowski, Tit. SS. Crucis in Hierusalem, Archiepisc. Strigonien.

Justus Recanati, Tit. SS. XII. Apostolorum.

Joachim Pecci, Tit. S. Chrysogoni, Episc. Perusin.

ORDO DIACONORUM.

Thomas Riario Sforza, S. Mariæ in Via-lata.

Ludovicus Gazzoli, S. Eustachii.

Joseph Ugolini, S. Adriani ad Forum Romanum.

Joannes Serafini, S. Mariæ in Cosmedin.

Petrus Marini, S. Nicolai in Carcere.

Joseph Bofondi, S. Cæsarei.

Jacobus Antonelli, S. Agathæ ad Suburram.

Robertus Roberti, S. Mariæ in Domnica.

Dominicus Savelli, S. Mariæ in Aquiro.

Prosper Caterini, S. Mariæ de Scala.

Vincentius Santucci, S. Mariæ ad Martyres.

COGNOMEN ET NOMEN.	TITULUS.	PROMOTIO.
ARCHIEPISCOPI.		
Cardelli Aloisius-Maria.	Achriden.	26 Decemb. 1818
Minucci Fernandinus.	Florentin.	28 Januar. 1828
Fransoni Aloisius.	Taurinen.	24 Februar. 1832
Vespignani Joseph-Maria. . . .	Jam Tianen. nunc Ep. Urbevet. . .	23 Jun. 1834
Mac-Hale Joannes.	Tuamen.	8 Aug. 1834
Missir Stephanus.	Irenopolitan. . . .	12 Mart. 1837
Martini Ludovicus a S. Theresia.	Cyrranen.	1 Jun. 1839
Pichi Franciscus.	Eliopolitan. . . .	17 Decemb. 1840
Polding Joannes.	Sydneyen.	15 Februar. 1842
Marongiu Emmanuel.	Calaritan.	23 Maii 1842
Cometti Franciscus.	Nicomedien. . . .	22 Januar. 1844
Antonucci Ant.-Mar.-Benedict. .	Jam Tarsen. nunc Ep. Anconit. . .	25 Jul. 1844
Gentilini Franciscus.	Tianen.	20 Januar. 1845
Przytuski Leo.	Gnesnen. et Posnanien.	20 Januar. 1845
Manzo Michael.	Teatin.	21 Apr. 1845
Macioti Alexander.	Colossien.	22 Sept. 1845
Asinari Alexander a Sanmarzano.	Ephesin.	19 Januar. 1846
Angeloni Alexander.	Urbinaten.	16 Apr. 1846
Reisach Carolus.	Monacen.	2 Oct. 1846
Romilli Bartholomæus.	Mediolanen. . . .	14 Januar. 1847
Salvini Felicissimus.	Camerinen. . . .	12 Apr. 1847
Darcimoles Petrus-Maria-Joseph.	Aquen.	12 Apr. 1847
Hurmuz Eduardus.	Siracen.	13 Sept. 1847
Charvaz Andreas.	Januen.	3 Jul. 1848
Sibour Maria-Dominicus-Augustus.	Parisien.	11 Sept. 1848
Debelay Joseph-Maria-Mathias.	Avenionen. . . .	11 Decemb. 1848
Arrigoni Julius.	Lucan.	5 Novemb. 1849
Cullen Paulus.	Dublinen.	8 Januar. 1850
Hugues Joannes.	Neo-Eboracen. . .	10 Jul. 1850
Blanc Antonius.	Neo-Aurelien. . .	19 Jul. 1850
Ligi-Bussi Antonius.	Iconien.	17 Februar. 1851
Scerra Stephanus.	Anciren.	10 Apr. 1851
Kenrick Franciscus.	Baltimoren. . . .	29 Aug. 1851
Garcia Michael.	Compostellan. . .	5 Sept. 1851
Bedini Cajetanus.	Theban.	15 Mart. 1852
Walsh Guillelmus.	Halifaxien. . . .	4 Maii. 1852
Dixon Joseph.	Armacan.	4 Oct. 1852

COGNOMEN ET NOMEN.	TITULUS.	PROMOTIO.
Cuculla Franciscus	Naxien.	14 Januar. 1853
Zwysen Joannes.	Ultrajecten	4 Mart. 1853
Arnaldi Joannes-Baptista. . . .	Spoletan	7 Mart. 1853
Rauscher Joseph-Otmarus. . .	Vindobonen . . .	27 Jun. 1853
Taglialatela Vincentius	Sypontin.	23 Jun. 1854
EPISCOPI.		
Laudisio Nicolaus-Maria . . .	Policastren. . . .	4 Jun. 1819
Folicaldi Joannes Benedictus. .	Faventin	2 Jul. 1832
Barzellotti Franciscus	Soanen. et Pitilianen.	2 Jul. 1832
Mazenod Eugenius.	Massilien.	14 Oct. 1832
Briggs Joannes	Beverlacen	22 Januar. 1833
Bouvier Joannes-Baptista . . .	Cenomanen. . . .	20 Januar. 1834
Basetti Petrus-Chrysologus. . .	Fidentin	10 Novemb. 1834
Aretini Sillani-Guilielmus . . .	Jam Terracinen. .	6 Apr. 1835
Labis Gaspar Joseph.	Tornacen.	6 Apr. 1835
Dehesselle Nicolaus-Joseph. . .	Namurcen.	1 Februar. 1836
Bourget Ignatius	Marianopolitan. . .	10 Mart. 1837
Bruni Franciscus	Ugentin.	19 Mart. 1837
Benaglia Cajetanus	Lauden.	2 Oct. 1837
Castellani Joseph-Maria	Porfirien.	8 Jul. 1839
Raffaeli Petrus	Regien.	23 Decemb. 1839
Besi Ludovicus	Canopen.	16 Jun. 1840
Wareing Guilielmus.	Northantonien. . .	11 Mart. 1840
Brown Joseph.	Newporten. . . .	11 Jul. 1840
Chatrousse Petrus-Maria. . . .	Valentinen. . . .	13 Jul. 1840
Stahl Georgius-Antonius. . . .	Erbipolen.	13 Jul. 1840
Gigli Carolus.	Tiburtin.	14 Decemb. 1840
Foretti Jacobus.	Clodien.	24 Januar. 1841
Vibert Franciscus-Maria. . . .	Maurianen	1 Mart. 1841
De Vesins Joannes-Amatus. . .	Agennen.	21 Jul. 1842
Calligari Joseph-Maria.	Narnien.	22 Jul. 1842
Cajani Bonifacius.	Callien. et Pergulen.	22 Jul. 1842
Girardi Ferdinandus.	Suessan.	22 Jul. 1842
Aronne Eleonorus.	Montis Alti. . . .	22 Jul. 1842
Rendu Aloisius	Annecien.	27 Januar. 1843
Tizzani Vincentius.	Jam Interamnen. .	3 Apr. 1843
Mac-Nally Carolus	Clohorien.	21 Jul. 1843
O'Connor Michael.	Pittsburgen. . . .	11 Aug. 1843
Landi-Vittori Aloisius	Asisien.	22 Januar. 1844

COGNOMEN ET NOMEN.	TITULUS.	PROMOTIO.
Doney Joannes	Montis-Alban. . .	22 Januar. 1844
Rosani Joannes-Baptista	Eritren.	22 Januar. 1844
De Preux Petrus-Joseph	Sedunen.	25 Januar. 1844
Atanasio Bonaventura	Liparen.	22 Jul. 1844
Tirabassi Bernardus-Maria . . .	Ferentin.	20 Januar. 1845
Carletti Cajetanus.	Reatin.	21 Apr. 1845
Luquet Joannes-Onesimus. . .	Eschonen.	20 Aug. 1845
Bagdanovick Urbanus	Europien.	30 Sept. 1845
Pellej Joannes-Baptista.	Aquipendien. . .	24 Novemb. 1845
Marilley Stephanus	Lausanan. et Geneven.	19 Januar. 1846
Trucchi Petrus-Paulus.	Anagnin.	21 Sept. 1846
Cantimorri Felix	Parmen.	21 Decemb. 1846
De Morlhon Joseph Augustus Victorinus	Anicien.	12 Apr. 1847
Timon Joannes	Buffalen.	23 Apr. 1847
Novella Joseph	Pataren.	28 Maii 1847
Vrancken Petrus Maria	Colophien.	4 Jun. 1847
Ricci Aloisius.	Signin.	14 Jun. 1847
Serra Joseph-Maria-Benedictus.	Daulien.	25 Jun. 1847
Derry Joannes	Conflerien.	9 Jul. 1847
Bisleti Camillus.	Cornetan. et Centumcellæ. . . .	4 Oct. 1847
Zangari Amadeus	Maceraten.	14 Apr. 1848
Agostini Franciscus	Nucerin.	14 Apr. 1848
Gandolfi Franciscus	Antipatren.	14 Apr. 1848
Malou Joannes-Baptista	Brugen.	11 Decemb. 1848
De Salinis Ludovicus-Antonius.	Ambianen.	2 Apr. 1849
Acciardi Joannes-Maria	Anglonen. et Tursien.	20 Apr. 1849
Sioglau Joseph	Burgi S. Sepulcri.	20 Apr. 1849
Morphy Timotheus	Cloynen.	3 Aug. 1849
Dupanloup Antonius-Felix-Philibertus	Aurelian.	28 Sept. 1849
Bertholozzi Paulus	Helnen.	7 Januar. 1850
Van-Genk Joannes.	Adraten.	22 Mart. 1850
Bachetoni Raphael	Nursin.	20 Maii 1850
Ketteler Guilielmus	Moguntin.	20 Maii 1850
Verzeri Hieronymus.	Brixien.	30 Sept. 1850
Desprez Julianus-Florianus . .	S. Dionysii. . . .	3 Oct. 1850
Valentini Salvator.	Amerin.	17 Februar. 1851
Bocci Raphael.	Alatrin.	17 Februar. 1851
Ferringno Raphael	Boven.	17 Februar. 1851

COGNOMEN ET NOMEN.	TITULUS.	PROMOTIO.
Palla du Parc Ludovicus Theophilus.	Blesen.	17 Februar. 1851
Grant Thomas	Suttvarcen. . . .	27 Jun. 1851
Mengacci Mathias Augustinus .	Civit. Castell. Hortan. et Gallos. .	5 Sept. 1851
Briniciotti Cajetanus.	Balneoregien. . .	5 Sept. 1851
Newman Joannes	Philadelphien. . .	13 Februar. 1852
Lyonnet Joan.-Bapt.-Paul.-Maria	S. Flori.	15 Mart. 1852
Regnault Eugenius	Carnoten.	15 Mart. 1852
Caputo Michael	Oppiden.	27 Sept. 1852
De la Puente Ferdinandus. . .	Salamantin. . . .	27 Sept. 1852
Cardoni Joseph	Cariston.	27 Sept. 1852
Vitali Gesualdus	Agathopol.	27 Sept. 1852
Falcinelli Marianus	Forolivien.	7 Mart. 1853
Filippi Aloisius	Aquilan.	7 Mart. 1853
Ginoulhac Jacobus Maria. . . .	Gratianopolitan. .	7 Mart. 1853
Tirmarche Vitalis-Honoratus . .	Adrassen.	3 Jun. 1853
Roskel Richardus	Nottinghamen. . .	29 Jul. 1853
Gooss Alexander	Gerren.	29 Jul. 1853
Foschini Emygdius	Civit. Pleb. . . .	12 Sept. 1853
Forster Henricus	Wratislavien. . .	12 Sept. 1853
Bedini Nicolaus.	Terracinen. Privernen. et Setin. .	19 Decemb. 1853
D'Apuzzo Franciscus-Xaverius .	Anastasiopolitan. .	12 Januar. 1854
Riccabona Benedictus	Veronen.	7 Apr. 1854
Jona Aloisius.	Montis-Falisci. . .	23 Jun. 1854
Zannini Aloisius	Verulan.	30 Novemb. 1854
Adinolfi Michael.	Nuscan.	30 Novemb. 1854
Alli-Maccarani Franciscus-Maria	S. Miniati.	30 Novemb. 1854
Barbacci Felicianus	Cortonen.	30 Novemb. 1854
ELECTI.		
Bizzarri Joseph-Andreas	Archiep. Philippen.	30 Novemb. 1854
Bofarini Fidelis.	Episc. Ripan. . . .	30 Novemb. 1854
Villanova-Castellacci Petrus . .	Episc. Lystren. . .	30 Novemb. 1854

PARIS. — J. CLAYE, IMPRIMEUR, RUE SAINT-BENOIT, 7.

PUBLICATIONS DU MÊME AUTEUR

LA LÉGENDE

DE SAINTE URSULE

PRINCESSE BRITANNIQUE

ET DE SES ONZE MILLE VIERGES

D'APRÈS LES ANCIENS TABLEAUX DE L'ÉGLISE DE SAINTE-URSULE À COLOGNE

REPRODUITE EN CHROMOLITHOGRAPHIE

PUBLIÉE

PAR F. KELLERHOVEN

TEXTE PAR J.-B. DUTRON

Cet ouvrage, approuvé par S. É. le cardinal de Cologne, a été honoré d'un bref de Sa Sainteté PIE IX.

LA VIERGE DE ITTENBACH

LE

COURONNEMENT

DE LA SAINTE VIERGE

D'APRÈS

ANGELICO DE FIESOLE

CHEFS-D'ŒUVRE

DES GRANDS MAITRES

REPRODUITS EN COULEURS

PAR F. KELLERHOVEN

Première série.

PARIS. — IMPRIMERIE DE J. CLAYE, RUE SAINT-BENOIT, 7.

www.ingramcontent.com/pod-product-compliance
Ingram Content Group UK Ltd.
Pitfield, Milton Keynes, MK11 3LW, UK
UKHW022137170726
13837UKWH00004B/1623